Ce carnet appartient à

Date		Météo

| Heure | |

| Lieux | |

| **Accompagnateurs** |

| Température de l'eau | |

| Température de l'air | |

| Direction du vent | |

| Vitesse du vent | |

| Humidité | |

| Phase de la lune | |

| Phase de la marée | |

Espèces	Appât	Poids	Long.	Commentaires

Date		Météo

Heure

Lieux

Accompagnateurs

Température de l'eau

Température de l'air

Direction du vent

Vitesse du vent

Humidité

Phase de la lune

Phase de la marée

Espèces	Appât	Poids	Long.	Commentaires

Date

Heure

Météo

Lieux

Accompagnateurs

Température de l'eau

Température de l'air

Direction du vent

Vitesse du vent

Humidité

Phase de la lune

Phase de la marée

Espèces	Appât	Poids	Long.	Commentaires

| Date | | Météo |
| Heure | |

Lieux

Accompagnateurs

Température de l'eau

Température de l'air

Direction du vent

Vitesse du vent

Humidité

Phase de la lune

Phase de la marée

Espèces	Appât	Poids	Long.	Commentaires

Date		Météo

Date

Heure

Lieux

Accompagnateurs

Température de l'eau

Température de l'air

Direction du vent

Vitesse du vent

Humidité

Phase de la lune

Phase de la marée

Espèces	Appât	Poids	Long.	Commentaires

| Date | | Météo | | |
| Heure | | | |

| Lieux |

| Accompagnateurs |

| Température de l'eau |

| Température de l'air |

| Direction du vent |

| Vitesse du vent |

| Humidité |

| Phase de la lune |

| Phase de la marée |

Espèces	Appât	Poids	Long.	Commentaires

| Date | |
| Heure | |

Météo

| Lieux | |

Accompagnateurs

Température de l'eau	
Température de l'air	
Direction du vent	
Vitesse du vent	
Humidité	
Phase de la lune	
Phase de la marée	

Espèces	Appât	Poids	Long.	Commentaires

| Date | | Météo |
| Heure | |

Lieux

Accompagnateurs

Température de l'eau

Température de l'air

Direction du vent

Vitesse du vent

Humidité

Phase de la lune

Phase de la marée

Espèces	Appât	Poids	Long.	Commentaires

Date	

Heure	

Météo

Lieux	

Accompagnateurs

Température de l'eau	

Température de l'air	

Direction du vent	

Vitesse du vent	

Humidité	

Phase de la lune	

Phase de la marée	

Espèces	Appât	Poids	Long.	Commentaires

| Date | | **Météo** |
| Heure | |

| Lieux | |

| Accompagnateurs | |

| Température de l'eau | |

| Température de l'air | |

| Direction du vent | |

| Vitesse du vent | |

| Humidité | |

| Phase de la lune | |

| Phase de la marée | |

Espèces	Appât	Poids	Long.	Commentaires

| Date | |

| Heure | |

Météo

| Lieux | |

| Accompagnateurs | |

| Température de l'eau | |

| Température de l'air | |

| Direction du vent | |

| Vitesse du vent | |

| Humidité | |

| Phase de la lune | |

| Phase de la marée | |

Espèces	Appât	Poids	Long.	Commentaires

| Date | |

| Heure | |

| Météo | |

| Lieux | |

| Accompagnateurs | |

| Température de l'eau | |

| Température de l'air | |

| Direction du vent | |

| Vitesse du vent | |

| Humidité | |

| Phase de la lune | |

| Phase de la marée | |

Espèces	Appât	Poids	Long.	Commentaires

Date		**Météo**

Heure

Lieux

Accompagnateurs

Température de l'eau

Température de l'air

Direction du vent

Vitesse du vent

Humidité

Phase de la lune

Phase de la marée

Espèces	Appât	Poids	Long.	Commentaires

| Date | | Météo |
| Heure | | |

| Lieux | |

| Accompagnateurs | |

| Température de l'eau | |

| Température de l'air | |

| Direction du vent | |

| Vitesse du vent | |

| Humidité | |

| Phase de la lune | |

| Phase de la marée | |

Espèces	Appât	Poids	Long.	Commentaires

Date		Météo	

| Heure | |

| Lieux | |

| Accompagnateurs | |

| Température de l'eau | |

| Température de l'air | |

| Direction du vent | |

| Vitesse du vent | |

| Humidité | |

| Phase de la lune | |

| Phase de la marée | |

Espèces	Appât	Poids	Long.	Commentaires

| Date | |
| Heure | |

Météo

| Lieux | |

Accompagnateurs

Température de l'eau	
Température de l'air	
Direction du vent	
Vitesse du vent	
Humidité	
Phase de la lune	
Phase de la marée	

Espèces	Appât	Poids	Long.	Commentaires

Date		Météo

| Heure | |

| Lieux | |

| Accompagnateurs | |

| Température de l'eau | |

| Température de l'air | |

| Direction du vent | |

| Vitesse du vent | |

| Humidité | |

| Phase de la lune | |

| Phase de la marée | |

Espèces	Appât	Poids	Long.	Commentaires

| Date | |

| Heure | |

| Météo | |

| Lieux | |

| Accompagnateurs | |

| Température de l'eau | |

| Température de l'air | |

| Direction du vent | |

| Vitesse du vent | |

| Humidité | |

| Phase de la lune | |

| Phase de la marée | |

Espèces	Appât	Poids	Long.	Commentaires

Date		Météo

Heure

Lieux

Accompagnateurs

Température de l'eau

Température de l'air

Direction du vent

Vitesse du vent

Humidité

Phase de la lune

Phase de la marée

Espèces	Appât	Poids	Long.	Commentaires

| Date | |
| Heure | |

Météo

| Lieux | |

Accompagnateurs

Température de l'eau	
Température de l'air	
Direction du vent	
Vitesse du vent	
Humidité	
Phase de la lune	
Phase de la marée	

Espèces	Appât	Poids	Long.	Commentaires

Date		**Météo**

| Heure | |

| Lieux | |

| Accompagnateurs | |

| Température de l'eau | |

| Température de l'air | |

| Direction du vent | |

| Vitesse du vent | |

| Humidité | |

| Phase de la lune | |

| Phase de la marée | |

Espèces	Appât	Poids	Long.	Commentaires

Date	

Heure	

Météo

Lieux	

Accompagnateurs

Température de l'eau	

Température de l'air	

Direction du vent	

Vitesse du vent	

Humidité	

Phase de la lune

Phase de la marée

Espèces	Appât	Poids	Long.	Commentaires

Date		**Météo**

Heure

Lieux

Accompagnateurs

Température de l'eau

Température de l'air

Direction du vent

Vitesse du vent

Humidité

Phase de la lune

Phase de la marée

Espèces	Appât	Poids	Long.	Commentaires

Date		Météo

| Heure | |

| Lieux | |

| Accompagnateurs | |

| Température de l'eau | |

| Température de l'air | |

| Direction du vent | |

| Vitesse du vent | |

| Humidité | |

| Phase de la lune | |

| Phase de la marée | |

Espèces	Appât	Poids	Long.	Commentaires

Date		Météo

| Heure | |

| Lieux | |

| Accompagnateurs | |

| Température de l'eau | |

| Température de l'air | |

| Direction du vent | |

| Vitesse du vent | |

| Humidité | |

| Phase de la lune | |

| Phase de la marée | |

Espèces	Appât	Poids	Long.	Commentaires
Espèces	Appât	Poids	Long.	Commentaires

Date		Météo

| Heure | |

| Lieux | |

| Accompagnateurs | |

| Température de l'eau | |

| Température de l'air | |

| Direction du vent | |

| Vitesse du vent | |

| Humidité | |

| Phase de la lune | |

| Phase de la marée | |

Espèces	Appât	Poids	Long.	Commentaires

| Date | | Météo |
| Heure | |

Lieux

Accompagnateurs

Température de l'eau

Température de l'air

Direction du vent

Vitesse du vent

Humidité

Phase de la lune

Phase de la marée

Espèces	Appât	Poids	Long.	Commentaires

Date	

| Heure | | **Météo** |

| Lieux | |

| Accompagnateurs | |

| Température de l'eau | |

| Température de l'air | |

| Direction du vent | |

| Vitesse du vent | |

| Humidité | |

| Phase de la lune | |

| Phase de la marée | |

Espèces	Appât	Poids	Long.	Commentaires

| Date | |
| Heure | |

Météo

| Lieux | |

Accompagnateurs

Température de l'eau

Température de l'air

Direction du vent

Vitesse du vent

Humidité

Phase de la lune

Phase de la marée

Espèces	Appât	Poids	Long.	Commentaires

| Date | |
| Heure | |

Météo

| Lieux | |

Accompagnateurs

Température de l'eau	
Température de l'air	
Direction du vent	
Vitesse du vent	
Humidité	
Phase de la lune	
Phase de la marée	

Espèces	Appât	Poids	Long.	Commentaires

| Date | | Météo |
| Heure | |

Lieux

Accompagnateurs

Température de l'eau

Température de l'air

Direction du vent

Vitesse du vent

Humidité

Phase de la lune

Phase de la marée

Espèces	Appât	Poids	Long.	Commentaires

| Date | | Météo |
| Heure | |

Lieux

Accompagnateurs

Température de l'eau

Température de l'air

Direction du vent

Vitesse du vent

Humidité

Phase de la lune

Phase de la marée

Espèces	Appât	Poids	Long.	Commentaires

| Date | |
| Heure | |

Météo

| Lieux | |

Accompagnateurs

| Température de l'eau | |

| Température de l'air | |

| Direction du vent | |

| Vitesse du vent | |

| Humidité | |

| Phase de la lune | |

| Phase de la marée | |

Espèces	Appât	Poids	Long.	Commentaires

Espèces	Appât	Poids	Long.	Commentaires

Date		Météo

Heure

Lieux

Accompagnateurs

Température de l'eau

Température de l'air

Direction du vent

Vitesse du vent

Humidité

Phase de la lune

Phase de la marée

Espèces	Appât	Poids	Long.	Commentaires

Date		**Météo**		

| Heure | |

| Lieux | |

| Accompagnateurs | |

| Température de l'eau | |

| Température de l'air | |

| Direction du vent | |

| Vitesse du vent | |

| Humidité | |

| Phase de la lune | |

| Phase de la marée | |

Espèces	Appât	Poids	Long.	Commentaires

Date		**Météo**	

Heure

Lieux

Accompagnateurs

Température de l'eau

Température de l'air

Direction du vent

Vitesse du vent

Humidité

Phase de la lune

Phase de la marée

Espèces	Appât	Poids	Long.	Commentaires

Date		**Météo**
Heure		

Lieux	

Accompagnateurs	

Température de l'eau	

Température de l'air	

Direction du vent	

Vitesse du vent	

Humidité	

Phase de la lune	

Phase de la marée	

Espèces	Appât	Poids	Long.	Commentaires

| Date | | **Météo** |

| Heure | |

| Lieux | |

| Accompagnateurs | |

| Température de l'eau | |

| Température de l'air | |

| Direction du vent | |

| Vitesse du vent | |

| Humidité | |

| Phase de la lune | |

| Phase de la marée | |

Espèces	Appât	Poids	Long.	Commentaires

Date		**Météo**

| Heure | |

| Lieux | |

| Accompagnateurs | |

| Température de l'eau | |

| Température de l'air | |

| Direction du vent | |

| Vitesse du vent | |

| Humidité | |

| Phase de la lune | |

| Phase de la marée | |

Espèces	Appât	Poids	Long.	Commentaires
Espèces	Appât	Poids	Long.	Commentaires

| Date | |

| Heure | |

| **Météo** | |

| Lieux | |

| Accompagnateurs | |

| Température de l'eau | |

| Température de l'air | |

| Direction du vent | |

| Vitesse du vent | |

| Humidité | |

| Phase de la lune | |

| Phase de la marée | |

Espèces	Appât	Poids	Long.	Commentaires

Date		**Météo**

Heure

Lieux

Accompagnateurs

Température de l'eau

Température de l'air

Direction du vent

Vitesse du vent

Humidité

Phase de la lune

Phase de la marée

Espèces	Appât	Poids	Long.	Commentaires

| Date | |
| Heure | |

Météo

| Lieux | |

Accompagnateurs

Température de l'eau	
Température de l'air	
Direction du vent	
Vitesse du vent	
Humidité	
Phase de la lune	
Phase de la marée	

Espèces	Appât	Poids	Long.	Commentaires

| Date | |
| Heure | |

Météo

| Lieux | |

| Accompagnateurs | |

| Température de l'eau | |

| Température de l'air | |

| Direction du vent | |

| Vitesse du vent | |

| Humidité | |

| Phase de la lune | |

| Phase de la marée | |

Espèces	Appât	Poids	Long.	Commentaires

| Date | |
| Heure | |

Météo

| Lieux | |

Accompagnateurs

| Température de l'eau | |

| Température de l'air | |

| Direction du vent | |

| Vitesse du vent | |

| Humidité | |

| Phase de la lune | |

| Phase de la marée | |

Espèces	Appât	Poids	Long.	Commentaires

| Date | | Météo |
| Heure | |

Lieux

Accompagnateurs

Température de l'eau

Température de l'air

Direction du vent

Vitesse du vent

Humidité

Phase de la lune

Phase de la marée

Espèces	Appât	Poids	Long.	Commentaires

Date		Météo

| Heure | |

| Lieux | |

| Accompagnateurs | |

| Température de l'eau | |

| Température de l'air | |

| Direction du vent | |

| Vitesse du vent | |

| Humidité | |

| Phase de la lune | |

| Phase de la marée | |

Espèces	Appât	Poids	Long.	Commentaires

Date		**Météo**

| Heure | |

| Lieux | |

| Accompagnateurs | |

| Température de l'eau | |

| Température de l'air | |

| Direction du vent | |

| Vitesse du vent | |

| Humidité | |

| Phase de la lune | |

| Phase de la marée | |

Espèces	Appât	Poids	Long.	Commentaires

Date		**Météo**	

| Heure | |

| Lieux | |

| Accompagnateurs | |

| Température de l'eau | |

| Température de l'air | |

| Direction du vent | |

| Vitesse du vent | |

| Humidité | |

| Phase de la lune | |

| Phase de la marée | |

Espèces	Appât	Poids	Long.	Commentaires
Espèces	Appât	Poids	Long.	Commentaires

| Date | | Météo |
| Heure | |

| Lieux |

| Accompagnateurs |

| Température de l'eau |

| Température de l'air |

| Direction du vent |

| Vitesse du vent |

| Humidité |

| Phase de la lune |

| Phase de la marée |

Espèces	Appât	Poids	Long.	Commentaires

| Date | |
| Heure | |

Météo

| Lieux | |

Accompagnateurs

| Température de l'eau | |

| Température de l'air | |

| Direction du vent | |

| Vitesse du vent | |

| Humidité | |

| Phase de la lune | |

| Phase de la marée | |

Espèces	Appât	Poids	Long.	Commentaires

Date		**Météo**

| Heure | |

| Lieux | |

| Accompagnateurs | |

| Température de l'eau | |

| Température de l'air | |

| Direction du vent | |

| Vitesse du vent | |

| Humidité | |

| Phase de la lune | |

| Phase de la marée | |

Espèces	Appât	Poids	Long.	Commentaires
Espèces	Appât	Poids	Long.	Commentaires

| Date | |

| Heure | |

| Météo | ☀ ⛅ ☁ 🌬 🌧 ⛈ |

| Lieux | |

| Accompagnateurs | |

| Température de l'eau | |

| Température de l'air | |

| Direction du vent | |

| Vitesse du vent | |

| Humidité | |

| Phase de la lune | |

| Phase de la marée | |

Espèces	Appât	Poids	Long.	Commentaires

| Date | | Météo |
| Heure | |

Lieux

Accompagnateurs

Température de l'eau

Température de l'air

Direction du vent

Vitesse du vent

Humidité

Phase de la lune

Phase de la marée

Espèces	Appât	Poids	Long.	Commentaires

Date		**Météo**
Heure		

Lieux	

Accompagnateurs	

Température de l'eau	

Température de l'air	

Direction du vent	

Vitesse du vent	

Humidité	

Phase de la lune	

Phase de la marée	

Espèces	Appât	Poids	Long.	Commentaires

Date		**Météo**
Heure		

| Lieux | |

Accompagnateurs

Température de l'eau

Température de l'air

Direction du vent

Vitesse du vent

Humidité

Phase de la lune

Phase de la marée

Espèces	Appât	Poids	Long.	Commentaires